This book belongs to:

_____

BSL Alphabet

 Aa

 Bb

 Cc

 Dd

 Ee

 Ff

 Gg

 Hh

 Ii

 Jj

 Kk

 Ll

 Mm

 Nn

 Oo

 Pp

 Qq

 Rr

 Ss

 Tt

 Uu

 Vv

 Ww

 Xx

 Yy

 Zz

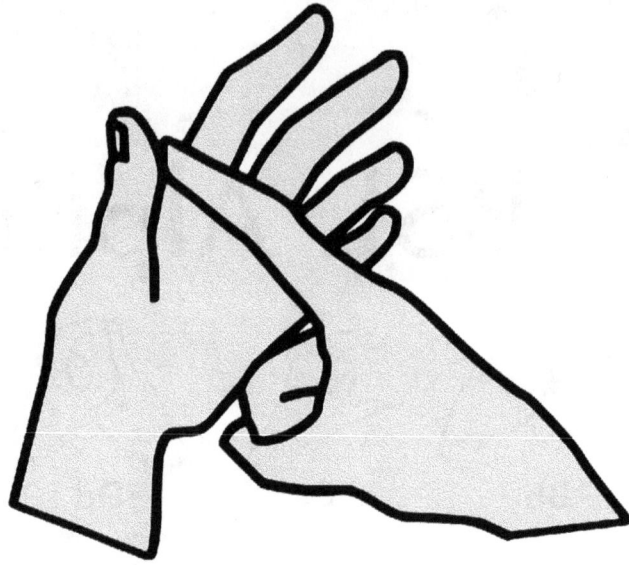

Aa

apple

Bb

bed

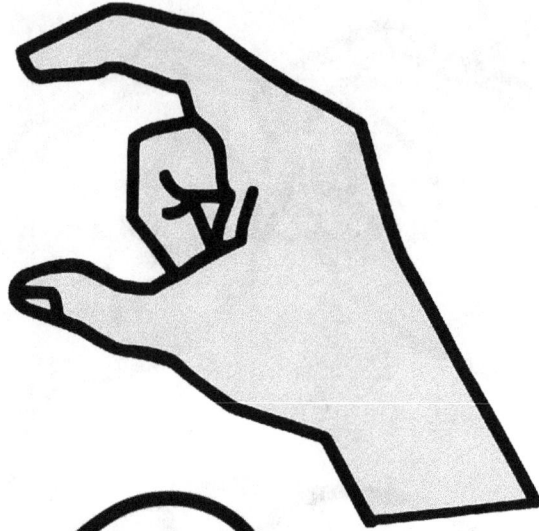

Cc

candle

Dd

day

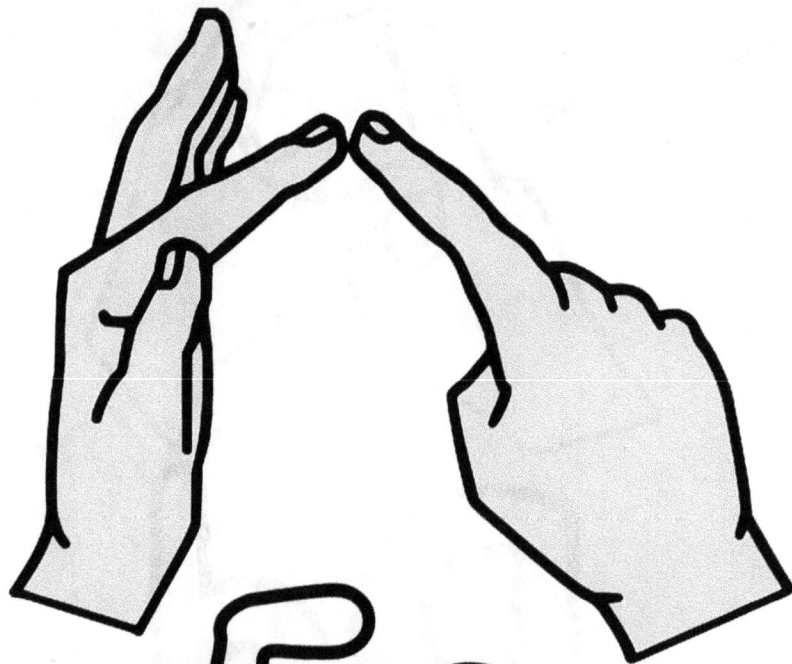

Ee

envelope

Ff

fruit

Gg

guitar

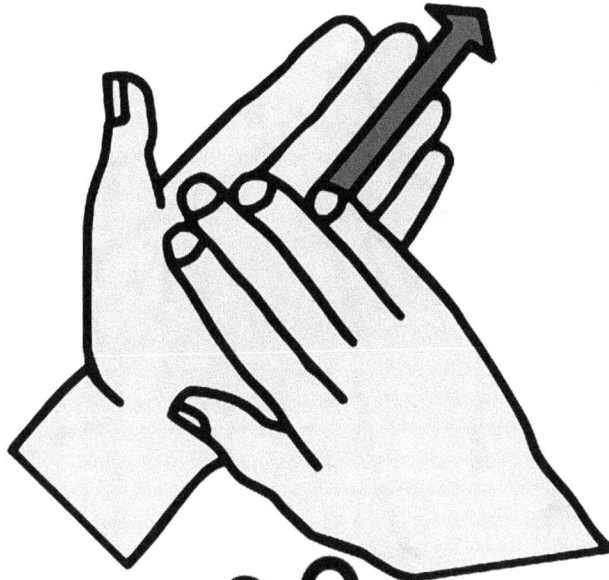

Hh

hat

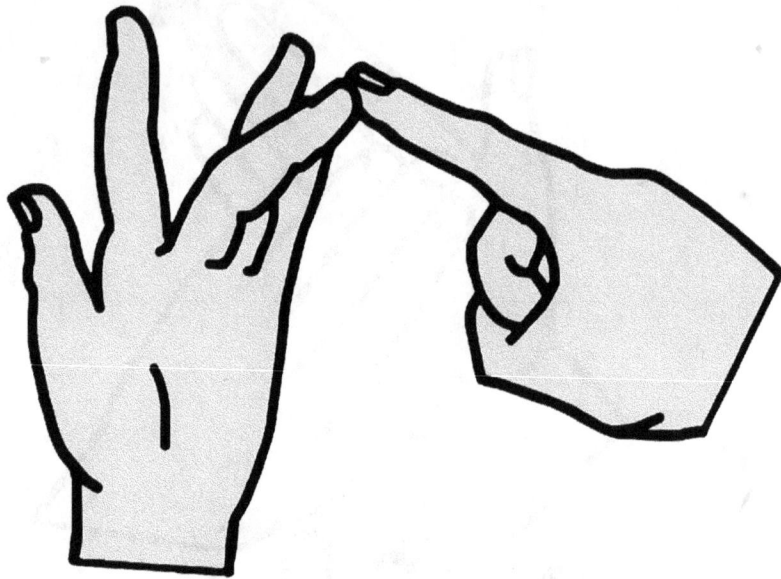

Ii

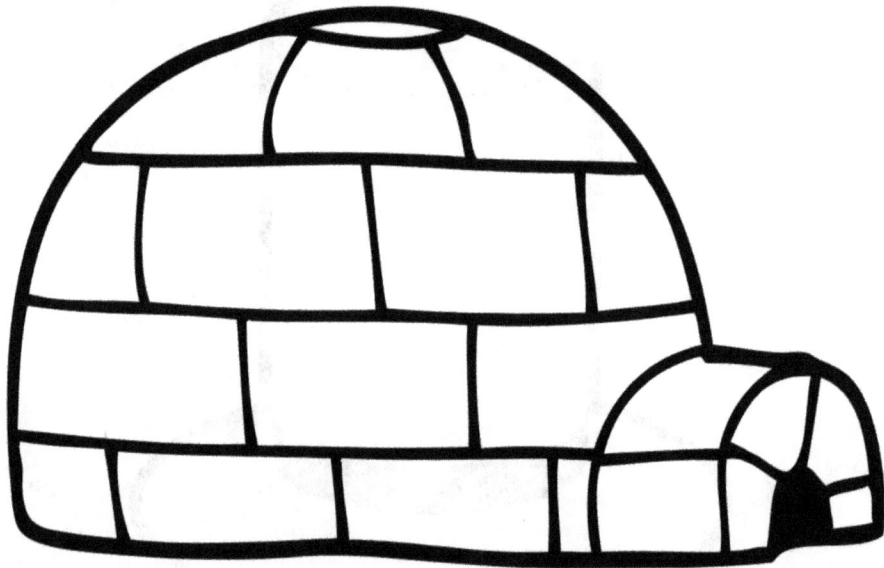

igloo

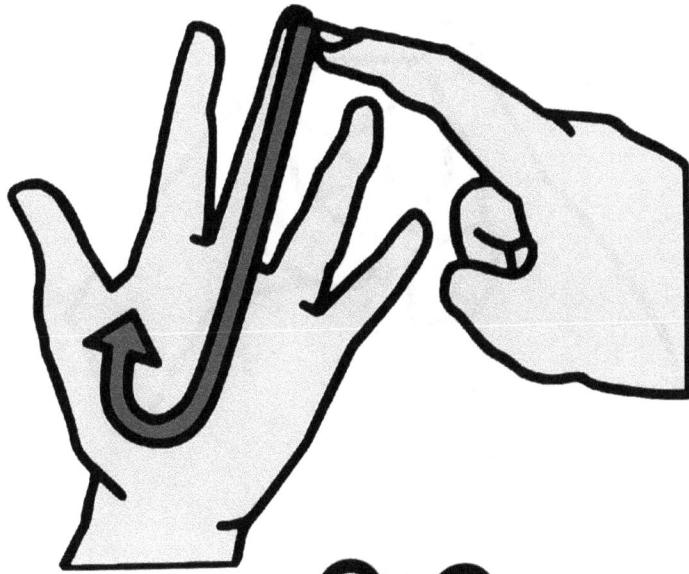

Jj

jam

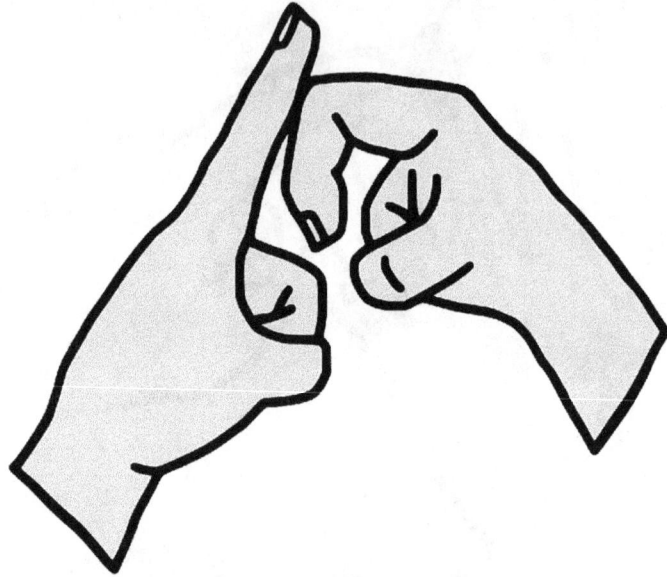

Kk

kettle

LI

lunch

Mm

mask

Nn

necklace

ocean

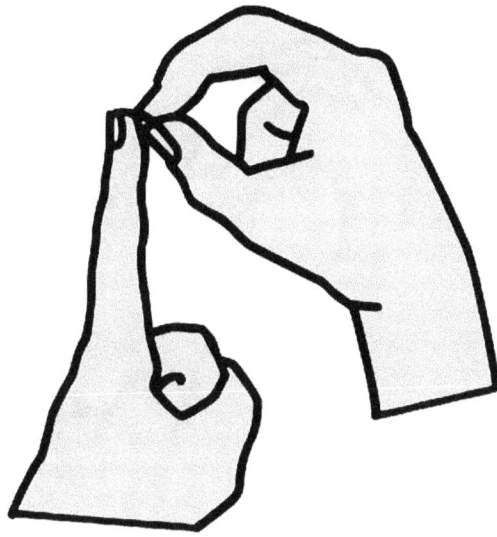

Pp

peach

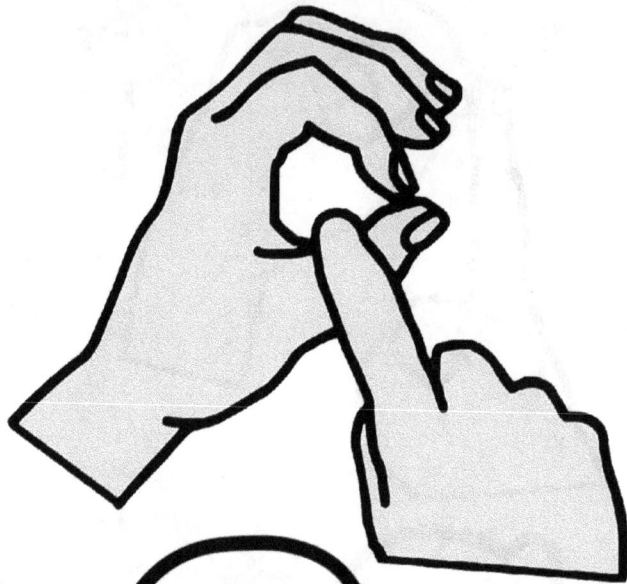

Qq

quilt

Rr

rainbow

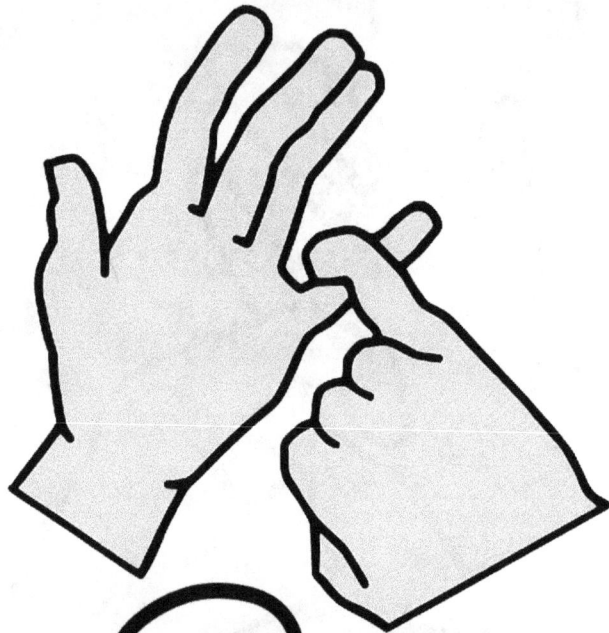

Ss

socks

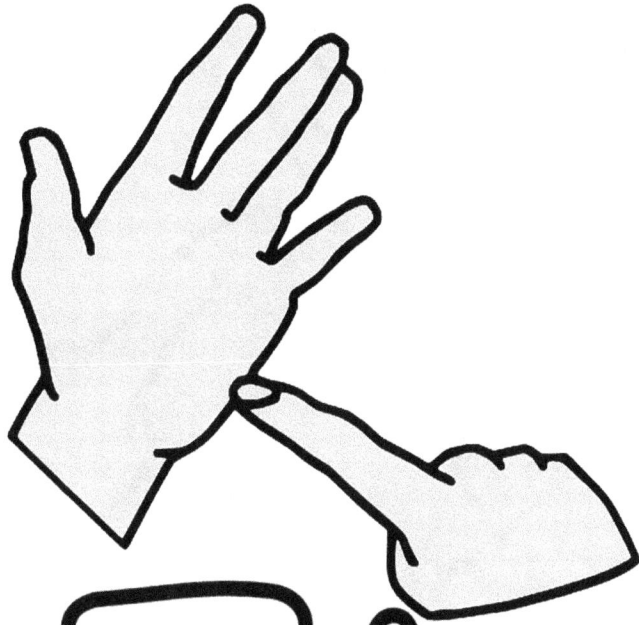

T t

teddy bear

Uu

unicycle

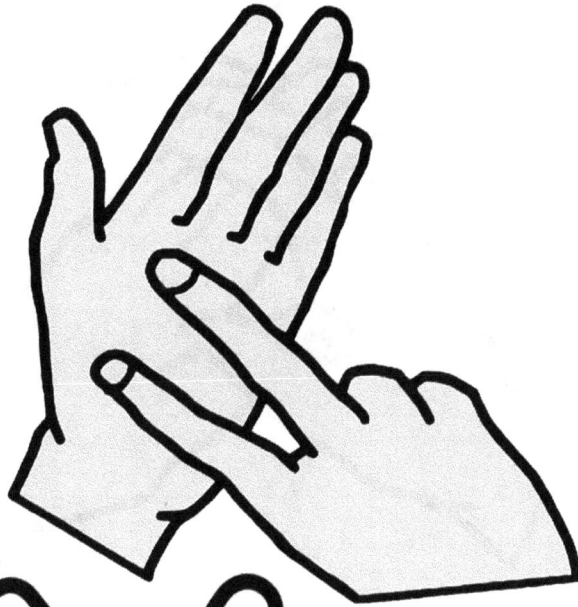

volcano

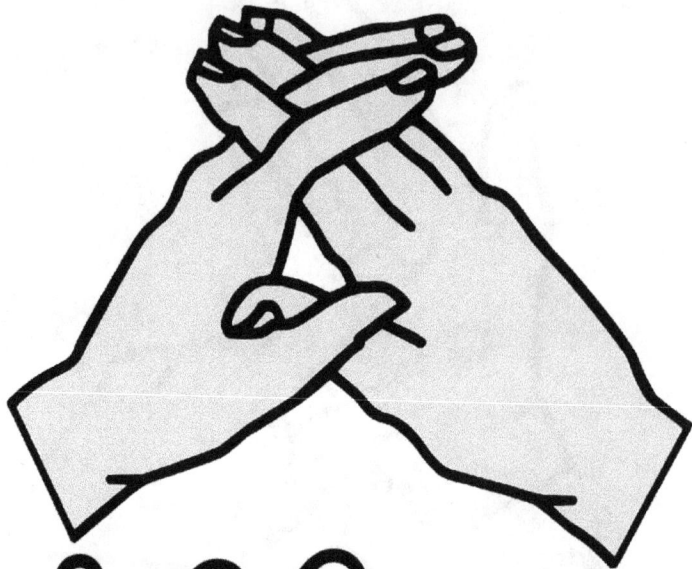

Ww

watch

Xx

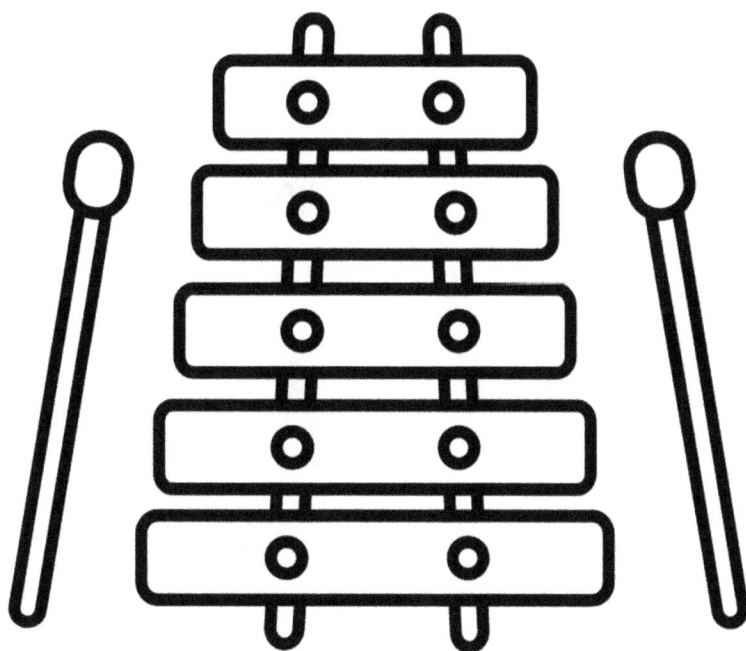

xylophone

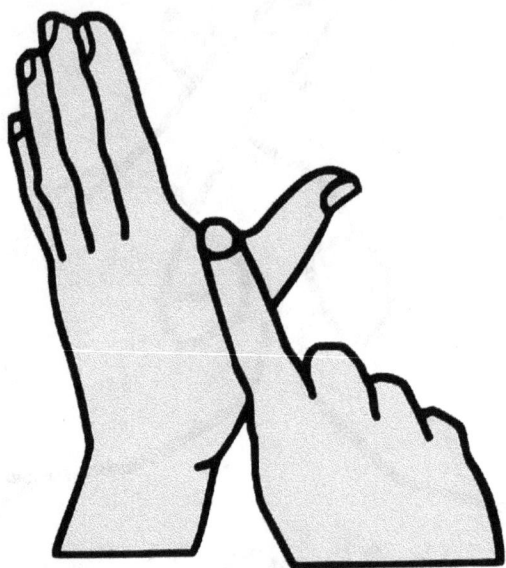

Yy

yawn

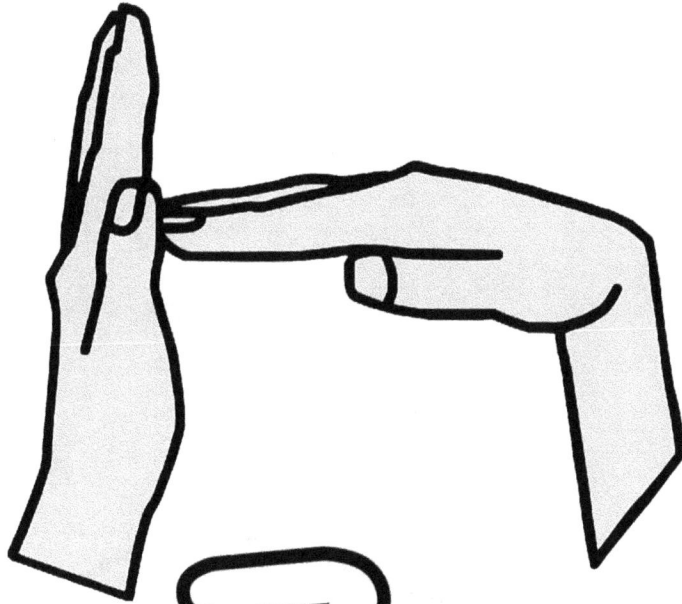

Zz

zucchini

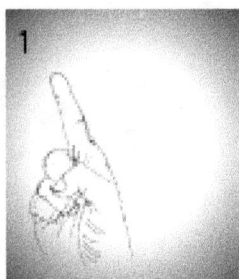

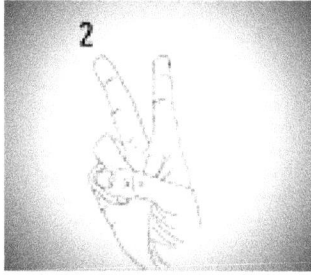

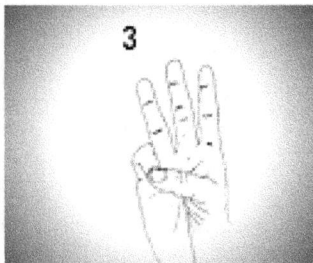

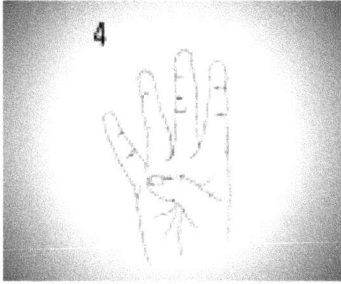

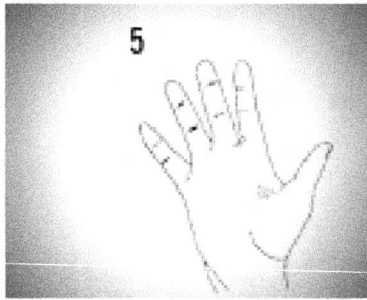

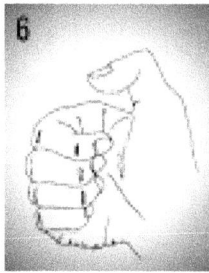

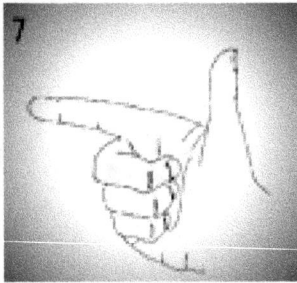

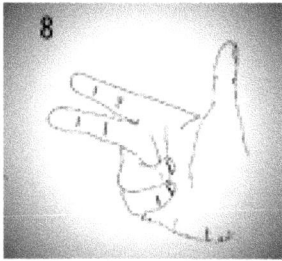

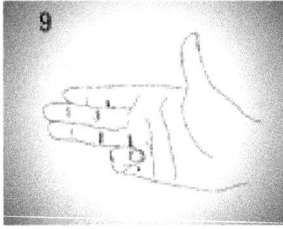

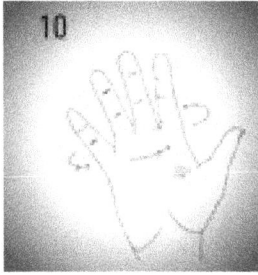

10

THANK YOU!
PLEASE LEAVE A REVIEW.